SECOND
MÉMOIRE

AU CONSEIL CHARGÉ DE LA SURVEILLANCE DE LA CENSURE.

ET SURABONDAMMENT

AU PUBLIC;

Par H. Guillemot,

RÉDACTEUR DU JOURNAL DU COMMERCE.

> Aujourd'hui que le gouvernement peut
> tout contre le citoyen, ne doit-il pas lais-
> ser au citoyen quelque abri contre un pou-
> voir si illimité?
>
> (M. le vicomte DE BONALD.)

A PARIS,

AU BUREAU DU JOURNAL DU COMMERCE;

A LA LIBRAIRIE DE L'INDUSTRIE, RUE SAINT-MARC, N° 10;

ET CHEZ SAUTELET ET C., PLACE DE LA BOURSE.

SEPTEMBRE 1827.

MONUMENT A ELEVER SUR LA TOMBE DE MANUEL,

ANCIEN DÉPUTÉ DE LA VENDÉE.

Liste des commissaires qui se chargent de recevoir les sous-criptions dans les différens quartiers de Paris.

MM. Amphoux, negociant, rue des Fossés-Montmartre, n° 27.

Berauger, rue des Martyrs, n° 23.

Bouquero, negociant, rue Royale-Saint-Antoine, n° 18.

Boulay (Émile), médecin, passage Dauphine, escalier H.

Bompieire, négociant, île Saint-Louis, rue Bretonvilliers, n° 3.

Cadet de Gassicourt, pharmacien, rue Saint-Honoré, n° 108.

Duhief, joaillier, rue Richelieu, n° 84.

Dumoulin, negociant, rue Bertin-Poirée, n° 14.

Decrusy, avocat, quai de l'École, n° 22.

Febvre, charron, faub. Saint-Martin, n° 195.

Hubert, ancien notaire, rue Bergère n° 3.

Hamelin, marchand balancier, rue Saint-Denis, n° 78.

Lavé, négociant en vins, à Bercy.

Lamy, ancien notaire, rue de Seine, n° 32.

Moisson freres, négocians, rue de Tracy, n° 4.

Moutardier, café du Phénix, au Palais-Royal.

Pinel Granchamp, rue Sainte-Hyacinthe-Saint-Michel, n° 9.

Simon, médecin, rue Saint-Louis au Marais, 1° 8.

Thibaudeau, négociant, rue des Petites-Écuries, n° 18.

Villette, brasseur, faub. Saint-Antoine, n° 285.

On souscrit aux bureaux :

du *Constitutionnel*, rue Montmartre, n. 121.

Courrier Français, rue Tiquetonne, n. 14.

Journal du Commerce, rue St-Marc, n. 10.

Globe, rue St-Benoît, n. 10, faubourg St-Germain.

Les fonds seront déposés chez M. Laffitte, rue d'Artois, n. 19, qui reçoit aussi les souscriptions.

Un comité determinera la forme du monument d'après un concours public.

La liste des souscripteurs sera publiée à la suite du recueil des discours que Manuel a prononcés pendant la durée de sa carrière legislative.

IMPRIMERIE DE SELLIGUE,

BREVETÉ POUR LES PRESSES MÉCANIQUES ET A VAPEUR,

Rue des Jeuneurs, N. 14.

SECOND MÉMOIRE

AU CONSEIL CHARGÉ DE LA SURVEILLANCE DE LA CENSURE,

ET SURABONDAMMENT

AU PUBLIC.

MESSIEURS,

Sur la demande qui vous fut adressée, le 14 juillet dernier, par mon collaborateur et ami M. Bert, au nom des propriétaires et rédacteurs du *Journal du Commerce*, tendant à ce qu'il vous plût de leur faire connaître la marche à suivre pour vous soumettre les preuves de l'injustice et de la violence du bureau de censure à leur égard, vous lui fites l'honneur de lui *marquer* qu'il suffisait d'exposer nos griefs dans un mémoire adressé à la chancellerie. Aussitôt supposant que l'invitation de vous adresser un mémoire renfermait de votre part la promesse de l'examiner et d'y faire droit, M. Bert, en sa qualité de rédacteur en chef, se chargea d'en rédiger un, dont un exemplaire a été envoyé à chacun de vous. Nous l'avons fait imprimer parce que, bien que disposés en théorie à déplorer l'innovation funeste qui a substitué la presse à l'industrie des copistes, vous préférez sans doute dans la pratique le nouveau procédé à l'ancien, en ce qui touche votre commodité personnelle. Cette marche nous était tracée par la conduite du bureau de censure qui nous oblige à faire imprimer nos articles avant de les lui soumettre, bien que la loi de son institution n'exige de nous que la présentation du manuscrit (art. 4 de de la loi du 31 mars 1820.)

Six semaines se sont écoulées depuis ce temps, et le silence que vous avez gardé sur les faits révoltans que contient le mémoire de M. Bert, semble l'accuser de simplicité, pour avoir cru que vos fonctions étaient autre chose que des sinécures, et que votre surveillance voulait être éclairée. Mais qui pouvait s'attendr à un pareil oubli de la justice, ainsi que des bienséances les plus communes? Lorsqu'un tribunal ordonne une instruction écrite, ou une enquête sur faits et articles, il donne acte aux parties de leurs dires, juge d'après eux, et motive ses decisions qui sont notifiées aux intéressés. Vous mêmes, Messieurs, lorsque M. le duc de Choiseul vous adressa une réclamation énergique contre l'insolence de la censure qui avait mis à l'index les témoignages flatteurs de vénération et de gratitude adressés par les gardes nationaux de la capitale à leur ancien aide-major-général, vous lui fîtes connaître la décision que vous aviez rendue. Bien que M. Bert n'ait pas l'honneur d'être pair de France, ce précédent, le seul qui pût éclairer le public sur les procédés suivant lesquels vous vous proposiez d'exercer le ministère qui vous est dévolu, l'autorisait, ce semble, à attendre une réponse telle quelle de votre part. Il est vrai qu'il ne s'agit dans cette affaire ni de justice ni de convenance, mais de censure, ce qui est bien différent.

Il paraît, Messieurs, que les lauriers des aides de M. Lourdoueix vous empêchent de dormir. Témoins du beau triomphe qu'ils ont remporté sur *la France chrétienne*, par le simple refus de leur ministère, vous n'avez pas voulu rester en arrière: nous connaissions les effets du deni de censure; vous avez imaginé le deni de surveillance : il ne paraît pas qu'après ces deux découvertes qui ont manqué à la gloire de toutes les censures passées, cette belle institution soit susceptible d'être enrichie de nouveaux perfectionnemens. Nous ne pouvons vous contraindre à remplir vos devoirs : vous êtes, ainsi que vos subalternes, hors de l'atteinte des lois du pays, comme si vous exerciez sur un territoire étranger, par exemple dans l'hôtel de M. d'Appony. Les tribunaux refusent de réprimer les violences de la censure, de peur d'entrer en contact avec elle. Que nous reste-t-il donc à faire, sinon de protester hautement, de vous mettre sans cesse en demeure, de vous rendre responsables des

infamies que votre approbation encourage,. et de soulever l'indignation publique contre la violence et l'iniquité ?

Nous allons reprendre l'historique des rapports du *Journal*
Commerce avec la censure, depuis le mémoire publié par
M. Bert.

Les effets de cette démarche n'ont pas tardé à se manifester :
à peine le mémoire avait il paru, que le cri de vengeance parti
des bureaux de la chancellerie, à été répété par les échos de la
rue de Grenelle. Une persécution toute spéciale a été organisée
contre un journal assez téméraire pour porter le flambeau de la
publicité dans les catacombes où siégent les francs-juges de la
pensée, et se dégager un moment du *san benito* dont il est affu-
blé, pour montrer au grand jour les marques de la torture quotidienne qui lui est infligée par les inquisiteurs de la police.
Déjà nous avions beaucoup de preuves de la haine toute parti-
culière dont MM. les censeurs honorent notre feuille. Nous avions
eu souvent le plaisir de voir paraître dans d'autres journaux des
faits et des documens dont on nous avait refusé l'insertion. Les
iniquités de ce genre se sont multipliés à un point tel, qu'il est
devenu impossible de les attribuer au hasard et de n'y pas voir
les effets d'une basse rancune et d'un grossière animosité. Dites-
nous, de grâce, MM. du conseil, pourquoi l'annonce de l'établissement d'un journal français en Egypte, a eté jugée innocente
dans le *constitutionnel* et dangereuse dans le *Journal du commerce*? Pourquoi le Figaro a pu entretenir ses lecteurs d'un
ouvrage intitulé *les Bambochades,* qu'il nous a eté défendu
d'annoncer ? Pourquoi nous n'avons pu imprimer une phrase
d'un discours prononcé par un avocat-général du royaume des
Pays-Bas, où il était question de la liberté de la presse, tandis
que la *Gazette des Tribunaux* la publiait ? Pourquoi nous n'a-
vons pu faire connaître à nos lecteurs aucune partie du discours
de M. Levasseur et du plaidoyer de Me Berville dans le procès si
grave et si affligeant suscité a M. Sénancour, tandis que les autres journaux en publiaient de longs extraits ? Pourquoi plusieurs passages du curieux ordre du jour du général Rottem-
bourg à Lille, ont éte jugés devoir être une nourriture très

convenable pour les abonnés de la *Quotidienne*, et une pierre d'achoppement pour la malignité des lecteurs du *Journal du Commerce* ? Pourquoi lorsqu'on permettait au *Journal des Débats* de publier le montant des souscriptions offertes pour la médaille proposée en l'honneur du grand ministre que l'Angleterre vient de perdre, lorsque le *Constitutionnel* était libre d'annoncer qu'il recevait à son bureau les offrandes des citoyens qui voulaient contribuer à cet hommage spontané de la douleur et de l'admiration publique, les mêmes annonces conçues dans des termes à peu près identiques étaient rayées de nos colonnes.

Je pourrais, Messieurs, multiplier beaucoup les pourquoi de ce genre, et pour y répondre, vous ne seriez sans doute pas plus embarrassés que cet employé de M. Farnchet, qui, interpellé par un citoyen qui voulait savoir aussi le pourquoi d'un acte arbitraire commis au préjudice de ses droits, lui répondit fièrement, *parce que !* Cet argument péremptoire et sans réplique, ce *qu'il mourut* de nos hommes de police est admirable pour motiver les opérations censoriales.

Il me serait également facile de joindre à chacun des faits que je viens de rappeler un petit commentaire tout-à-fait instructif sur les vues secrètes qu'ils nous révèlent. On peut les expliquer de plusieurs manières. Ou cette inégalité dans la dose d'oppression que l'on distribue aux journaux provient du défaut de concert et d'unité de vues entre les censeurs qui se partagent la besogne sans s'occuper de mettre l'ensemble dans leurs honorables travaux, ce qui substitue à l'arbitraire de la loi, qui du moins est égal pour tous, le joug cent fois plus odieux des violences et des caprices individuels; où l'on veut se venger sur le *Journal du Commerce* de la franchise et de la modération désolante de son opposition ; ou bien enfin les rigueurs spéciales que l'on fait peser sur lui se rapportent à la classe de lecteurs auxquels il s'adresse particulièrement, et l'on a résolu de placer le commerce lui-même sous une surveillance toute spéciale, à raison de l'indépendance et de la libéralité de ses opinions

Le *Journal du Commerce*, fondé par une association de négocians et de manufacturiers dont la liste qu'il a rendue publique comprend les plus hautes notabilités de la banque, de l'industrie et du commerce, a pour but essentiel de centraliser et de répandre les renseignemens utiles aux classes laborieuses, de défendre leurs droits et lenrs intérêts, de publier et de soutenir leurs réclamations sans s'écarter jamais du point de vue des intérêts généraux. Des travaux de ce genre n'ont assurément rien d'hostile ou d'alarmant pour l'ordre public. Loisque parut l'ordonnance de censure, les rédacteurs du *Journal du Commerce* résolurent de s'y renfermer soigneusement, de s'abstenir ses controverses politiques, et de laisser à terre le gand jeté à l'opposition per les écrivains du ministèse. Ils comprirent qu'une lutte sans liberté était une lutte sans dignité : le rôle de compères du *Moniteur* leur parut au-dessous d'eux, et refusant de lui servir de plastrons, il laissèrent le géant ministériel s'escrimer à son aise dans le vide d'autres Journaux. ient une route différente. Ils essayèrent de faire aller ensemble la liberté et la servitude, de faire biaiser et gauchir la vérité, et et de la rapetisser assez pour qu'elle put franchir les guichets de lo police ; l'opinion publique les en a sévèrement punis.

Le *Journal du Commerce* se crut libre sur le terrain tout spécial où il se renfermait. Il avait étendu sa correspondance commerciale, créé de nouvelles combinaisons qu'il jugeait capables d'accroître l'instruction pratique et l'utilité qui ressortent pour les classes industrielles des documens et des faits nombreux qu'il s'applique à rassembler journellement. Des questions d'une haute importance que des circonstances récentes avaient fait naitre ou rajeunies par des points de vue entièrement nouveaux, fournissaient une ample matière à d'utiles discussions : les résultats de notre système de douanes à apprécier dans leurs rapports avec les mouvemens du commerce et les vicissitudes de la production ; les conséquences du régime colonial à faire ressortir par l'examen de son influence sur l'ensemble de nos transactions ; la question toujours indécise, 'on ne sait pourquoi, de l'établissement d'un entrepôt réel de marchandises coloniales à Paris ; la situation critique de la marine marchande à examiner dans ses causes et sous le rapport dès mesures à prendre pour l'améliorer ; l'examen de l'état industriel de nos départemens, la revue de l'exposition des produits de l'industrie ; l'analyse de plusieurs ouvrages importans sur l'économie politique ; telles furent les principales matières que les rédacteurs du *Journal du Commerce* se proposèrent de traiter, et dont l'inoffensive spécialité leur donnait l'espoir de n'être point gênés par l'action de la censure. Quoiqu'instruits de longue main que la haine de l'industrie est le fonds du système ministèriel, ils devaient croire que les inquisiteurs subalternes toléreraient au moins par pudeur les discussions de détail isolées avec soin des généralités élevées de la philosophie industrielle. Le *Moniteur* lui-même propopour modèle aux feuilles périodiques l'objet des travaux du *Journal du Commerce*.

Les raffineries de sucre, et surtout celles de Paris, éprouvaient depuis quelque temps des pertes considérables, résultant du prix élevé auquel étaient arrivées les matières brutes comparé à celui auquel il est possible de vendre le produit fabriqué, sans arrêter brusquement la consommation. Des mémoires, des pétitions furent adressés à l'autorité par les intéressés. Le *Journal du Commerce* ne pouvait garder le silence; il signala comme causes du mal l'extension immodérée du privilége accordé aux colonies françaises, et l'exagération des droits imposés à l'entrée des sucres étrangers. Aussitôt le *Moniteur*, qui saisissait toutes les occasions qui se présentaient d'engager des discussions avec les Journaux de l'opposition, pour essayer de fsire prendre le change au public sur la véritable situation de la presse périodique, publia une longue apologie du système colonial. L'article venait de l'administration, car on y faisait usage de renseignemens extraits des états de douane qu'elle n'a publiées que depuis, et qui par conséquent n'étaient alors connus que d'elle. Nous n'hésitâmes même pas à l'attribuer à un personnageé levé dans la hiérarchie officielle, vu l'absurdité des raisonnemens et l'ignorance complète de la matière, qui sentait son directeur général d'une lieue. On en haussait les épaules à la Bourse; on en riait sous cape aux jusque dans les bureaux de la douane.

Le *Journal du Commerce* hasarda une réplique qui obtint le laissez-passer de la censure, grâce à la signature d'un raffineur de sucre , à ce titre directement intéressé dans la polémique dont il s'agit. L'événement prouva que nous avions bien jugé le bureau Lourdoueix, en pensant que l'intervention d'un citoyen, propriétaire d'une importante manufacture, plaidant avec fermeté sa propre cause , lui en imposerait plus qu'un simple article de Journal uniquement dicté par l'amour du bien public. La question coloniale avait été traitée sous les points de vue commercial et industriel ; il restait à l'examiner dans ses rapports avec la navigation nationale. Des plaintes multipliées nous arrivaient sur la situation déplorable de la marine marchande ; nous essayâmes de plaider sa cause; mais il paraît que le savant économiste du *Moniteur*, peu satisfait du résultat de la lutte qu'il avait essayé de soutenir, avait résolu- d'y mettre fin et de se retrancher dans la censure, dernière raison de la sottise puissante , et l'on nous ramena aux carrières pour venger l'amour-propre d'un petit tyran de bureau , dont nous n'avions pas admiré les productions. Je transcris ici cet article licentieux et blasphématoire , confisqué par les douaniers de la police, pour que le public puisse juger du degré de liberté que l'on accorde à la presse périodique.

« Nous avons laissé à un estimable raffineur de sucre, notre correspondant, le soin de relever les hérésies économiques et les bévues commerciales commises par le *Moniteur* à propos du système colonial. Nos lecteurs savent s'il s'en est bien acquitté : notre adversaire lui-même s'est fait justice, en se retirant prudemment d'un terrain où il s'était fourvoyé sans le connaître. Mais il est un point de vue que notre correspondant a négligé dans cette question, sans doute parce qu'il ne se rapportait pas directement à l'intérêt spécial qu'il voulait défendre, et qui n'en est pas moins digne d'attention : c'est celui de la marine marchande. Les partisans du système colonial nous disent : notre commerce d'armement est en souffrance; nos navires ne peuvent dans les marchés libres soutenir la concurrence étrangère : il importe donc de leur conserver soigneusement l'emploi restreint, mais assuré, que leur procure le monopole colonial. Puis ils développent à merveille les raisons d'état qui doivent engager la France à entretenir une marine marchande, raisons que personne ne conteste.

« Nous ne prétendons pas nier la défaveur dont notre pavillon est frappé dans tous les ports du monde et même dans les nôtres : nous avons peut-être contribué à fixer l'attention publique sur ce triste phénomène, dont nous avons souvent développé les causes. Les marines étrangères gagnent sans cesse du terrain sur la nôtre, et il semble que notre commerce maritime ne s'étende qu'à leur profit. En 1820, la moitié du tonnage employé à nos exportations était française; en 1826, la part de l'étranger a excédé la nôtre de 77 mille tonneaux. De 1825 à 1826 le tonnage français n'a presque pas varié : celui de l'étranger s'est accru dans cette seule année de 32 mille tonneaux. Nous ne parlons que des exportations, parce qu'elles présentent des oscillations moins fortes, et que l'influence des droits différentiels s'y fait moins sentir. Dans cette même année 1826, sur 900 mille tonneaux d'importations, la marine française n'en a transporté que 335 mille, proportion que nous avions déjà pressentie en examinant les documens publiés à l'appui du budget. En Angleterre, plus des 2/3 du commerce se fait sous pavillon national, et les Américains exécutent eux-mêmes tous leurs transports à un neuvième près.

» La situation de la marine marchande mérite certainement d'être prise en sérieuse considération : mais c'est une singulière conclusion à tirer de son infériorité actuelle que la nécessité de maintenir l'état de choses qui l'a produite, au moins en grande partie. L'intérêt de la marine est inséparable de celui du commerce : il est aussi ridicule de les opposer l'un à l'autre que de mettre l'agriculture aux prises avec l'industrie comme le font sans cesse tant d'orateurs officiels et de personnages en crédit; et qui veut faire prospérer l'un aux dépens de l'autre les sacrifie certainement tous les deux.

» Le système colonial empêche notre commerce maritime de se développer, c'est une vérité incontestable. Il n'est pas moins certain que les modifications indiquées dans la pétition des raffineurs de sucre accroîtraient, avant trois ans, la consommation de cette denrée de 40 millions de kilogr. au moins. Cette importation ne pouvant avoir lieu sans une exportation équivalente, le mouvement maritime serait augmenté de 70 à 80 mille tonneaux. Il faut remarquer que le commerce avec les pays à sucre est moins défavorable que les autres à la navigation nationale, attendu que ces pays n'ont point de marins, et que la seule concurrence à craindre est celle de la navigation indirecte, nécessairement restreinte, chargée d'obstacles, et prohibée en ce qui concerne l'Angleterre par le traité de 1826. La plus forte partie du tonnage employé par l'effet immédiat du changement réclamé dans nos tarifs reviendrait donc à la marine française.

» Et puis, il n'est nullement question de rompre les relations établies avec les colonies, comme le supposent toujours nos adversaires, mais seulement d'établir une proportion plus équitable entre leurs produits et ceux de l'étranger, qui permette à ceux-ci l'accès de nos marchés. La navigation peut s'étendre par suite des développemens de nos relations au-dehors, tout en conservant les avantages exclusifs du commerce colonial. Seulement, dans les mauvaises années, les navires français, au lieu de s'accumuler dans le ports de nos colonies, sans pouvoir s'y procurer de fret, iraient chercher des sucres au Brésil, à la Havane, à Ste-Croix, à Porto-Rico. On ne les verrait pas réduits, comme dans ce moment, à revenir de nos Antilles avec un tiers ou un quart de changement obtenu à grand'peine sur le pied de trois et même de deux deniers, taux qui ne couvre pas les frais d'embarquement. Aussi nous écrit-on du Havre : « Les navires vont » tomber à bon marché; il va en être vendu une grande quan- » tité, attendu qu'on n'en peut trouver l'emploi et qu'on ne » sait où les envoyer. »

»Ce n'est donc pas en maintenant les abus du système colonial qu'on préviendra la ruine de la marine marchande : c'est au contraire en le réformant, et surtout en la délivrant des entraves de tout genre qui pèsent sur elle. Qu'on cesse de la soumettre à des réglemens surannés; qu'on lui permette de s'approvisionner

à bon marché des fers, des bois et des chanvres du nord, indis‑
pensables aux constructions navales et que les droits de douane
font ressortir à des prix exorbitans; qu'on réforme la méthode
de jaugeage que l'on emploie pour évaluer le tonnage des na‑
vires, et qui, conservée réligieusement depuis des temps recu‑
lés, malgré les changemens survenus dans la forme des cons‑
tructions, suppose toujours au bâtiment un tonnage plus fort
que celui qu'il porte réellement : on verra alors la marine
française reprendre tous ses avantages et défier toutes les ri‑
valités.

»Conçoit-on surtout que nos navires soient encore victimes de
tous les abus des quarantaines, lorsque les progrès de la science,
et l'expérience des grandes nations maritimes leur ont assigné
leur véritable caractère, celui de vexations inutiles et absurdes?
Des navires arrivent de nos colonies ou d'autres parages où au‑
cune maladie ne s'est manifestée : ils n'ont à bord aucun ma‑
lade; et pourtant il faut qu'ils supportent les frais d'une qua‑
rantaine de 10, 12 ou 15 jours, pendant lesquels l'armateur a à
sa charge, outre l'équipage et les passagers, un pilote et un
gardien de santé rétribués fort cher. Ces choses sont à la décision
d'une commission sanitaire, intéressee à paraître utile et à or‑
donner des quarantaines qui multiplient les vacations et les vi‑
sites dont chacune coûte au navire 60 ou 72 fr. Que signifie
d'ailleurs une quarantaine ou tous les navires se touchent, et
qui n'empêche pas les équipages de 20 à 25 bâtimens de commu‑
niquer librement entre eux ? Voilà des abus crians, dont l'ad‑
ministration ne s'occupe guère et dont la réfome toucherait plus
le commerce que les amplifications du *Moniteur.*

Je le demande maintenant à tout lecteur qui n'a pas abjuré le
sens commun; quelles discussions sont possibles dans un pays
ou l'autorité ne peut souffrir des réflexions du genre de celles
que je viens de transcrire. L'auteur etait resté bien en-deçà des
limites que Figaro prescrit à l'audace des écrivains : l'article ne
contient pas un mot hasardé, pas une assertion qui ne soit fon‑
dée sur des documens officiels, ou sur les témoignages les plus ir‑
récusables. Les chiffres qui se rapportent au mouvement de la

navigation dans nos ports ont été relevés d'après les états publiés par l'administration : les abus dont elle souffre sont indiqués dans le budjet de la marine distribué aux chambres pendant la dernière session ; les développemens que l'auteur y a ajoutés sont empruntés à des correspondances avec des armateurs du Havre, qui ont été consultés par l'autorité maritime dans la dernière enquête ordonnée par le ministère sur les causes de la souffrance de la navigation nationale, et dont la competence a été par conséquent reconnue : on peut en représenter la preuve au comité de surveillance.

Et remarquez la timide réserve de l'écrivain, déterminé à manquer son but plutôt que de toucher à l'arche sainte de la politique. En parlant des causes permanentes de l'infériorité de notre pavillon, en sollicitant la réforme des abus qui gèrent l'essor de notre commerce d'armement, si précieux sous le rapport industriel, si important sous le point de vue politique, comme offrant à l'état une pépinière inépuisable de matelots toujours prêts à se lever pour sa gloire maritime et pour la défense de ses côtes ; il était naturellement conduit à parler de l'influence fâcheuse qu'exercent sur les spéculations de nos armateurs les préparatifs formidables qui se font depuis trois mois dans les grands ports militaires de l'Océan et de la Méditerranée. Il pouvait demander si l'institution fondamentale des équipages de ligne, créée dans le but de soulager le commerce des réquisitions de matelots, peut être regardée comme atteignant son objet, puisqu'il est de notoriété publique qu'une grande partie de la population maritime disponible sur nos côtes a été requise pour le service de la marine royale et dirigée sur Cherbourg, Brest et Toulon. Il aurait dû dire que la rareté des marins, résultant de ces mesures, a élevé leur salaire à 3o ou 4o p. o/o au-dessus du taux ordinaire de paix ; qu'en ajoutant à cette surcharge imprévue l'augmentation des primes d'assurance par suite des craintes de guerre maritime que ces préparatifs extraordinaires ont répandues dans nos ports ; en calculant les effets de la guerre d'Alger qui a rendu presqu'impossible le commerce entre les ports de l'Océan et ceux de la Méditerranée, sous pavillon français, et [transféré aux neutres tout l'avantage des transports qu'il exige ; il est impossible de ne pas reconnaître que le commerce d'armement souffre en ce moment d'une crise plus funeste peut-être que celle de 1823, occasionnée par la guerre d'Espagne. Le rédacteur avait gardé le silence sur toutes ces choses : la tyrannie absurde et révoltante de la censure m'oblige à les publier.

Non seulement l'on ne nous permet pas de plaider la cause de la marine nationale ; l'on nous défend encore de lui donner les avis qui importent le plus à sa sûreté. Il semble que le bureau de censure soit dans les intérêts des pirates algériens, et qu'il compte sur sa part des prises faites sur le commerce français par les Barbaresques. Plusieurs annonces extraites de nos correspondances des côtes de la Méditerranée, où il était question de la sortie des felouques africaines pour croiser contre notre pavillon ont été supprimées. Le silence forcé des feuilles de l'opposition, et l'insuffisance des avis qu'il leur est parmi de publier, la contexture ridicule et embarrassée des articles du *Moniteur* sur la guerre d'Alger ont répandu dans nos ports des alarmes exagérées à tel point que sur les côtes de l'Océan, on ne peut assurer à aucun prix pour la Méditerrane. De toutes parts on se demande quand et comment finira ce simulacre de guerre, où l'honneur et la dignité de la France sont si étrangement compromis ; quel succès on en espère, et le succès de quoi ? Qu'importe aux Algériens le blocus de leurs ports, fut-il aussi effectif qu'il l'est peu ? Quelle comparaison peut-on établir entre les pertes que peut leur causer l'interruption momentanée de leurs rapines et de leurs brigandages, et ce qu'il en a déjà coûté à la France en équipemens d'escadres, en convois réguliers pour le commerce de la Méditerrane, en assurances, etc. On a cru tout obtenir par la terreur d'un appareil menaçant et par la hauteur du langage : le dey s'est obsiné contre toute attente, et il est évident que son entêtement a pris le ministère au dépourvu. Pour la situation de nos finances, l'honneur du nom français et l'intérêt du commerce, cette déplorable affaire a déjà trop duré. Tout le monde se plaint de la lenteur du dénouement, même les jésuites, auxquels nous devons un plan superbe de colonisation de la côte d'Afrique, développé dans la *Gazette universelle de Lyon*, et que la censure ne nous a pas permis de reproduire. Cette feuille demande, qu'à l'exemple de saint Louis, la France s'empare des plages barbaresques au nom de Jésus-Christ et du roi de France son sergent. L'on enverrait aux Africains des missionnaires pour leur faire goûter la morale d'Escobar, et une police toute organisée à la Française, afin de leur rendre la transition moins dure : quelle moisson pour nos jeunes séminaristes et pour nos espions à demi-solde ! quel digne pendant de l'institut d'Égypte ! autres temps, autres mœurs.

En attendant que ce beau projet se réalise, voici un échantillon assez remarquable de l'administration paternelle de nos pachas coloniaux. Les détails qui suivent, empruntés à la *Gazette de l'île Maurice*, ont été effacés du *Journal du Commerce*.

« Le gouvernement ayant voulu assurer la subsistance du pays pendant la disette des années précédentes, avait mis à la disposition des habitans du nelly (riz en paille), qu'il leur vendait lui-même 27 pagodes. L'abondance étant revenue avec les pluios, le nelly est tombé de 16 à 17 pagodes ; il en est résulté sur les achats du gouvernement une perte dont il a voulu être indemnisé par les habitans. Les plus notables d'entre les Indiens ont représenté que les années précédentes, ayant donné un bénéfice au profit du gouvernement, c'était à lui à supporter la perte de la dernière année. Aussitôt on les a fait arrêter et conduire en prison, d'où ils ne sont sortis qu'après avoir payé ; mais à peine élargis, ils ont signé une protestation contre cet acte d'autorité, ce qui a porté le gouverneur à faire arrêter et conduire en prison les premiers signataires.

» Les Indiens de toutes les casses voulant, suivant leur coutume en pareil cas, témoigner leur mécontentement, se sont réunis au nombre de 7 à 800 pour aller *jeter du sable* devant l'hôtel du gouverneur. Ils ont été accueillis à l'instant et sans aucune sommation préalable, à coups de fusil, par les Cipayes formant sa garde.

» Cette foule d'Indiens de tous sexes et âges, et sans armes, a été de suite dispersée par les *pions* du gouvernement et de la police, armés de bâtons.

« Le gouverneur fait instruire un procès criminel contre ces malheureux, dont la plupart sont en fuite- M. Danglès, avocat général, a été, à cette occasion, cassé et renvoyé en France. Le plus respectable des habitans de Pondichéry, autant par son caractère et ses qualités que par son grand âge, a été mis au secret pendant plusieurs heures. Les marchands indiens vont chercher sécurité et protection sur le territoire anglais, ce qui devra nécessairement faire le plus grand tort au peu de commerce qu'on faisait dans cette ville. »

En rapportant ces événemens affligeans d'après le journal de l'île de France, *le Journal du Commerce* restait bien au-dessous e la réalité des faits, tels que sa correspondance les lui faisait connaître. Il s'était abstenu d'en jeter la responsabilité sur M. Desbassyns de Richemont, neveu de M. de Villèle, qui exerçait alors l'autorité supérieure dans nos établissemens de l'Inde, d'où il vient d'être rappelé, dit-on, par suite de la clameur générale. Mais nos censeurs ont des yeux d'Argus pour tout ce qui touche au personnel des ministres et de leurs ayans-cause, et la réserve discrète du *Journal du Commerce* n'a pu désarmer leur pointilleuse susceptibilité.

Cette attention délicate de la censure pour la parenté de M. de Villèle devait peu nous surprendre. Peu importait en effet que les négocians qui font des affaires avec l'Inde fussent exposés à de rudes mécomptes par l'ignorance où on les tenait sur les événemens survenus dans ces parages lointains, pourvu que les petites combinaisons du népotisme ministériel ne fussent pas dérangées par un éclat fâcheux. Mais le crédit de la France peut-il être considéré comme une affaire de famille ; et comment caractériser les précautions prises pour le séparer de sa véritable base, la publicité ?

Le bruit se répand que les frères Rotschild se réunissent à Francfort, et que le but de ce sanhédrin financier est de conserter les moyens d'opérer le remboursement des 5 p. o/o français. La première partie de cette nouvelle est publiée dans les journaux : l'insertion de la seconde leur est refusée. Cependant si le fait était faux, il était facile de le démentir : dans le cas contraire, quelle grave responsabilité n'encourait-on pas ? Lorsque l'épreuve du remboursement fut tentée pour la première fois, M. de Villèle, pour répondre aux plaintes des rentiers, leur disait : de quoi vous plaignez-vous? Dès que mon projet a été arrêté, ne vous l'ai-je pas fait connaître ? Si les mêmes circonstances venaient à se représenter, l'argument de 1824 serait la condamnation du ministère, et la France lui demanderait compte du silence imposé aux Journaux comme d'une combinaison destinée à favoriser les spéculations des agioteurs initiés.

Il y a trois semaines, une hausse assez forte s'était déclarée sur la rente : *Le Moniteur*, écho des joies enfantines du ministère s'extasiait sur la prospérité renaissante du crédit : le *Journal du Commerce* qui savait à quoi s'en tenir sur les véritables causes de ce mouvement et sur la durée qu'il devait avoir, se borna à faire remarquer que nos rentes soulevées par la hausse rapide des fonds anglais, qui s'étaient en peu de temps élevées de 82 à 88, étaient loin d'avoir suivi cette progression. Cette proposition fut niée par la feuille officielle, et le *Journal du Commerce*, engagé contre son gré dans une polémique que son adversaire semblait chercher, répliqua par le tableau du cours comparé des 3 p. o/o anglais et français, le 1er de chaque mois depuis 1825 ; il ajoute la réflexion suivante :

» Cette différence, qui a été de 15 à 17 dans tout le courant de 1825, s'est améliorée de 17 à 12 dans tout le courant de 1826; elle s'est même trouvée réduite à 10 65 le 1er février 1827, et depuis lors elle s'est rapidement élevée de 10 à 16.

» Le 1er août, époque identique des trois années pour le rapport des intérêts échus sur les deux fonds, présente en 1825 une différence de 14 60

1825   10 95

1827   16 »

» Il nous semble que de pareils faits peuvent se passer de commentaires. »

Le rejet de cet article, tout composé de faits et de chiffres relevés avec soin, manifesta de plus en plus ce qu'on devait penser de la loyauté du ministère qui ne provoquait l'opposition au combat que pour l'attirer dans le traquenard de la cenelne. Il était dès-lors évident que tonte tentative pour éclairer les rentiers et les spéculateurs sur la véritable situation de la bourse, serait inutile. Le *Journal du Commerce* aurait pu signaler les manœuvres nouvelles, employées pour retarder une réaction que la paralysie dés affaires et l'aspect peu rassurant de l'hôrizon politique, devaient nécessairement amener. Il savait que les créanciers de l'indemnité, dont on redoutait l'empressement à se défaire de leurs 3 p. o/o, éprouvaient toutes sortes de difficultés et de retards dans la délivrance de leurs inscriptions, au moment même où le *Moniteur* vantait l'activité que l'on avait mise dans la liquidation de leurs droits, et que le trésor royal était devenu pour eux un autre tourniquet. Cette manœuvre avait un double but : retarder l'apparition sur la place des nouveaux 3 p. o/o : contraindre ceux des indemnisés qui avaient fait des ventes anticipées, à racheter des 3 p. o/o sur la place, pour tenir leurs engagemens. Ces rentes achetées au comptant devaient être revendues à terme; et de cette double opératiod devait résulter nécessairement un report presque insignifiant, qui ne pouvant satisfaire le capitaliste le forçait à acheter pour son compte, ce même 3 p. o/o, dont il avait refusé jusqu'à ce moment de devenir l'acquéreur, et sur lequel il s'était borné à prêter en l'achetant au comptant pour le revendre simultanément à terme.

· Ces combinaisons mesquines prennent le caractère d'un véritable guet-à-pens, lorsque la censure s'en mêle pour en dérober la connaissance au public, qui se trouve alors livré sans défense aux coups qui lui sont portés dans l'ombre, par quelques spéculateurs privilégiés. Elles mettent à nu la fragilité du système de finances de M. de Villèle, qui, courbant la France, après douze ans de paix, sous le poids accablant des impôts de guerre, fait reposer son avenir sur les ressources d'un crédit qui ne peut se soutenir tant bien que mal qu'à l'aide de semblables moyens. Que sera-ce lorsqu'à la session prochaine, il faudra avouer que les revenus de l'année, après avoir laissé tous les services en souffrance, présentent un déficit qui laisse une partie des dépenses à découvert ? 11 millions pour l'occupation de l'Espagne, 6 ou 7 millions pour la marine, dont le budget de 57 millions, dépassé de 2 millions 500 mille francs en 1826, sans aucune circonstance extraordinaire, n'a pourvu ni à la guerre d'Alger, ni aux croisières et aux convois de la Méditerranée, ni aux armemens envoyés dans l'Archipel, viendront ajouter au poids de la dette flottante ? Quelqu'un s'avisera peut-être alors de demander catégoriquement à M. de Villèle avec quoi il compte soutenir les charges de la guerre s'il y est forcé, et à quel prix il évitera d'y être forcé, s'il est prouvé qu'il ne peut pas la faire ? Double question à laquelle la censure ne pourra pas toujours répondre.

Repoussé du terrain commercial et financier, où sa [spécialité l'appelait, le *Journal du Commerce*, se réfugia dans le champ de l'industrie. Les galeries du Louvre seront-elles au moins permises à sa libre investigation? C'est à vous à nous le dire mon cher collaborateur, qui faites briller vos connaissances variées dans la revue de l'exposition des produits de l'industrie. Vous vous avisez de trouver que l'on produit trop d'objets d'art destinés à l'ornement des palais et des églises : «Quelle que soit, dites vous, la générosité des personnes qui les habitent, nous craignons qu'il n'y ait plus d'appelés que d'élus. » Suit une nomenclature de tabernacles, de châsses, de candelabres, et une liste nombreuse de saints qui donnent au livret de l'exposition beaucoup de rapport avec la légende dorée. Avez-vous bien calculé l'effet des circonstances qui doivent influer sur le progrès de la demande d e ces *miracles* de l'industrie? Ignorez-vous d'ailleurs que ce qu'il vous plaît d'appeler de magnifiques superfluités sont la matière première des sacriléges, et que sans elles la loi philantropique de M. de Peyronnet serait une lettre morte, cette loi sublime qui renvoie les gens devant leur juge naturel, selon la belle expression de M. le président du comité de surveillance de la censure ?

Vous avez l'audace de trouver que le drap couleur *cheveux de Madame* ne répond guères à ce titre galant ; la censure a jugé que l'intention devait suffire en pareille matière : elle a pensé d'ailleurs que des esprits malveillans pourraient conclure de votre assertion que les cheveux de S. A. étaient d'une nuance moins belle que le drap de M. Prestat : et ses ciseaux, qui ne semblaient pas faits pour se mêler d'une chevelure, ont supprimé votre assertion téméraire.

Ne faut-il pas aussi qu'ils s'ingèrent dans la coupe de nos habits ? En parlant de l'exposition de M. Ternaux, l'on avait conseillé aux consommateurs de profiter des facilités que leur offre ce célèbre manufacturier pour se soustraire au monopole des tailleurs : « grâce à lui, disait-on, l'on peut faire confectionner son habit au lieu où l'on achète son drap, sans craindre les ciseaux de la vengeance, qui ne pardonnent guères comme on sait. Il paraît qu'aux yeux des censeurs leurs ciseaux et ceux des tailleurs sont solidaires : ils se sont empressés de justifier l'allusion qu'ils avaient soupçonnés, en lui défendant de voir le jour.

Et vous, laborieux annotteurs des mouvemens journaliers de la Bourse, du cabotage et du longcours ; historien véridique de l'indigo, du trois six et de la bonne 4ª, vous qui nous racontez a hausse et la baisse des marchandises avec l'impassibilité d'un télégraphe et dans un esprit également dégagé des préoccupations politiques et des prétentions littéraires, vous aviez regardé la page du *Journal du Commerce* où vous régnez comme un fort inexpugnable, à l'abri des coups de main de la censure et comme le dernier asyle de la liberté d'écrire. Vanité des vanités !

La commission de surveillance et le public ont vu dans le postcriptum du Mémoire de M. Bert un article contenant une -longue série d'annonces relatives au cours des marchandises, et dont la publication a été jugée dangereuse par le bureau de de censure. Ce fait bizarre s'est renouvelé depuis, et a mis à d'étranges épreuves la sagacité des rédacteurs du *Journal du Commerce* pour deviner les causes de la susceptibilité de nos Argus à ciseaux. Réunis autour d'une table où la colonne malen-

contreuse était déployée sous leurs yeux, ils y cherchaient un
délit comme on cherche un aiguille. Probablement, disait l'un,
quelque personnage en crédit, quelque censeur peut-être, est
occupé en ce moment d'une spéculation que contrarieraient les
avis contenus dans cet article. Ne cherchez pas, disait un autre.
des raisons si profondes à la conduite de ces messieurs : leur
dîner s'est peut-être ce jour-là prolongé plus que de coutume :
il est si naturel dans certaines positions de chercher à table le
doux oubli de soi-même! Il est des soldats qui ne vont au combat qu'après d'amples libations, ce qui leur rend la vue trouble
et leur fait prendre des arbres pour des géans. La censure a cela
de particulier qu'elle soumet l'intelligence de 30 millions d'hommes à la volonté absolue de cinq ou six individus, et par conséquent à tous les écarts de cette volonté. La France se soumet à
ce régime : faites comme la France et soumettez-vous. Un troi-
sième, qui n'avait rien dit jusque-là, soutint que la censure avait
fort bien pu trouver un délit dans l'article suprimé : il préten-
dit qu'en sa qualité d'avocat, ayant eu à lutter plus d'une fois
contre la logique interprétative de MM. les Gens du Roi, il leur
avait vu faire des tours de force non moins étonnans, et rappe-
lant le fameux axiôme, *on peut toujours faire pendre un hom-
me avec quatre lignes de son écriture*, il attira à lui le corps du
délit, et après un moment de réflexion : M'y voilà, s'écria-t-il
d'un air inspiré : la sédition s'est glissée dans l'article *cafés* :
voici un paragraphe qui contient une révolution toute entière.
Les Bourbon sont toujours dans la même position.... Allusion
évidente à la dynastie qui nous gouverne: expression du mécontentement d'un factieux qui soupire après un bouleversement.
Il n'y en a que peu en belle qualité..... Horrible irrévérence :
atteinte au respect dû à la famille royale. *Les secondaires sont
demandés, mais sans qu'on puisse opérer, par la tenacité des
détenteurs.* Ici les cheveux se dressent sur la tête : le complot
se manifeste dans toute son horreur. Sentez-vous toute la por-
tée de ce mot *les secondaires*, appliqué aux *Bourbons*? Quels
sont ces *détenteurs* dont la *ténacité* s'oppose à une *opération*?
Ce dernier mot lui-même, transporté par M. de Villèle dans le

vocabulaire de la haute politique, n'en dit-il pas plus qu'il n'est gros ? Le poison se retrouve jusque dans les sucre : *Les bruts Bourbon n'ont donné lieu qu'à peu d'affaires* : il est évident que c'est encore de la famille royale qu'il s'agit.

Tout le monde se mit à rire : l'orateur seul, échauffé par son improvisation en style de réquisitoire, soutint obstinément son dire, et des paris s'engagèrent. L'article fut représenté à la censure, en mettant seulement *les cafés de l'île Bourbon* au lieu de *les Bourbon*, et les *sucres bruts de l'île Bourbon* au lieu de *les bruts Bourbon*, et il fut admis sans difficulté, au grand étonnement du redacteur qui, en copiant *textuellement* la cote du cours des marchandises rédigée par les courtiers de Bordeaux, n'avait pas cru commettre le délit énorme dont il venait d'être convaincu.

Nos censeurs, comme on le voit, sont d'une jolie force sur le calembourg, ce qui n'est pas étonnant puisqu'on compte parmi eux des auteurs illustrés dans ce genre de littérature. Mais il semble qu'ils pourraient choisir mieux les occasions d'utiliser ce petit talent. C'est une singulière manière de prouver son dévouement et son respect pour le trône que de voir dans ces mots, *les bruts Bourbon*, consacrés depuis plus d'un siècle dans le style commercial, une allusion évidente à la dynastie. A quelques jours de là, l'article suivant a été refusé : « On écrit de Saint-Denis, Ile Bourbon, le 25 février : « Nos approvisjonnemens en marchandises de France augmentent de jour en jour, par suite des nombreux arrivages. Si le gouvernement de Maurice en agit avec autant de sévérité que le nôtre, nous ignorons vers quels lieux se porteront nos débouchés des produits de France. Les bonnes qualités de vins de Bordeaux se soutiennent de p. 35 à 40 la bque ; les autres qualités sont sans cours fixe ; le Bergasse se raisonne de p. 20 à 22 ; les autres crus se cotent de p. 17 à 26. Quant aux denrées, elles sont tenues fermes : les sucres des premières qualités de p. 7 50 à 9 le quintal ; le café de p. 9 à 11 la balle du 100 liv. net ; et le girofle de 19 à 21 centièmes la liv. »

Il ne s'agit plus ici des Bourbons : mais en examinant ces lignes, je soupçonne que le motif de la sévérité dont elles ont été

l'objet est dans ces mots : *Le Bergasse se raisonne de 20 à 21 p.*
Le digne censeur qui ne connaît sans doute l'œnologie française
que par la carte de son restaurateur, n'y ayant pas vu figurer le
vin de Bergasse, aura sans doute vu dans cette ligne l'intention
de manquer de respect à un écrivain monarchique poursuivi il
y a quelques années pour avoir attaqué la propriété des acqué-
reurs de biens nationaux ; il ne lui en fallait pas davantage.

On conviendra que la sottise et le ridicule ne sauraient aller
plus loin. Qu'il est donc noble et relevé le caractère de la dic-
tature intellectuelle à laquelle on a soumis cette grande nation
qui exerça sur l'Europe le double ascendant de la valeur et du
génie? Comme tout cela fait ressortir la hauteur de conception
des ministres qui dirigent les travaux de la censure , et la gra-
vité des circonstances qui l'ont motivée !

Au surplus, la censure elle-même à son bon côté ; et son réta-
blissement n'aura pas été sans fruit pour la liberté publique.
L'usage que l'on en fait renferme plus d'instruction pour la
France que des volumes de polémique. Quand la presse est libre
les ministres sont toujours les maîtres de désavouer les desseins
qu'on leur prête : les journaux ne peuvent d'ailleurs s'attaquer
qu'à leurs actes positifs, s'ils veulent donner une base certaine à
eur opposition. Mais les faits et gestes de la censure ont un caractère officiel dont le ministère essayerait en vain de décliner
la responsabilité ; ils placent dans le plus grand jour, à côté des
mesures du pouvoir, les petites passions, les petites animosités,
les petites vues qui les expliquent.

Les nombreux articles relatifs à la formation des listes électorales que la censure a rejetés prouvent que les traditions de
1824 ne sont pas perdues : et comme la loi de censure elle-même
reconnaît que la publicité est une condition essentielle de la
sincérité des élections , et que les élections dépendent de la formation des listes , toute nomination dans le sens ministériel est
d'avance frappée de suspicion. Au surplus les variations fré-
quentes que l'on remarque dans la conduite de la censure an-
noncent beaucoup d'incertitude dans les projets de l'administration relativement à l'époque de la dissolution de la Chambre :
souvent un article refusé la veille est admis le lendemain.

La haine du ministère pour la magistrature a trouvé dans la censure un fidèle instrument : cette institution dont l'existence seule est une insulte perpétuelle au pouvoir conservateur de l'ordre public et des garanties individuelles, remplit à merveille les intentions de ses fondateurs, qui se sont évidemment proposé, [d'une part, de détruire le principe constitutionnel de la publicité des débats, et de l'autre d'affaiblir la vénération dont le public entoure l'ordre judiciaire, en supprimant les plaidoieries qui font ressortir la sagesse de ses décisions. Depuis que la censure existe, il n'est survenu aucun procès politique qui n'ait fourni la preuve de l'aversion du pouvoir pour les publicité judicaire : dans l'affaire de **M.** Sénancour, je l'ai déjà dit, il n'a pas été permi au *Journal du Commerce* de donner la moindre idée des moyens développés par la partie publique et des défenses de l'accusé; et dans le procès *du Précis de la Révolution* par Rabant St.-Etiende, la censure a poussé l'indécence jusqu'à supprimer deux paragraphes du jugement lui-même. Les droits de la défense personnelle ont été indignement méconnus dans l'affaire du *Journal du Commerce*, qui n'a pu rendre à l'équité de ses juges l'hommage le plus digne d'eux en publiant la brillante plaidoierie de son défenseur, Me Barthe, dont les conclusion ont été adoptées par la Cour Royale.

Si quelque chose peut faire diversion à l'indignation que soulèvent de si révoltans abus de pouvoir, c'est la pitié qu'on est tenté de concevoir pour une administration qui s'embarrasse elle-même dans les chaînes dont elle veut garrotter la pensée publique, et fait ainsi de lourdes chûtes qui l'exposent sans cesse à la risée universelle. Pendant huit ou dix jours la grande affaire de la censure fut d'empêcher les journaux de rendre compte d'un crime abominable imputé à un prêtre de la Capitale. L'accusé ayant été relaché sur une première instruction faite par M. le Juge Frayssinous, la Cour Royale, avertie par l'agitation populaire qui s'était manifestée par des symptômes de la nature la plus grave, ordonne une nouvelle instruction dont le résultat est le renvoi de l'accusé devant la cour d'assise. La chose ne pouvait rester plus long-temps secrète : que fait alors le ministère ? Il se jette dans les considérations philosophiques : quel parti les détracteurs du clergé pouvaient-ils tirer de cet événement ? Les fautes ne sont-elles pas personnelles? Le crime d'un prêtre étranger peut-il nuire à la considération du clergé français? Fort bien : mais ces vérités incontestables n'en feraient que plus d'impression sur le public si on les avait prises pour bases des instructions données à la censure, et si l'on n'avait trop d'exemples de l'importance que l'administration attache à couvrir de mystère et d'impunité les moindres peccadilles du dernier habitué de paroisse. Les sociétaires de l'Opéra-Comique ont triomphé par léur constance et leur union des tentatives faites pour les dépouiller de leur droits et de leur propriété : la justice de leur cause a été reconnue ; mais on n'a pu faire droit à leurs réclamations sans proclamer hautement l'iniquité de la censure qui leur a fait pendant un mois la guerre la plus acharnée et les a traqués dans tous les feuilletons.

Il est donc mille fois démontré que cette institution qui frappe de mort toutes nos garanties, révolte la conscience nationale et jure avec les mœurs et les opinions du pays n'a d'autre destination que de favoriser des passions ignobles, de frayer une libre carrière au machiavélisme le plus abject, et de livrer sans défense la nation et les individus à toutes les entreprises de la violence et du despotisme. Le résultat le plus évident qu'elle ait produit a été de paralyser toutes les affaires en propageant des alarmes peut être trop fondées sur l'avenir que nous réserve la faction qui a juré guerre à mort à toutes nos institutions, et sur les suites que doit avoir pour un pays gouverné en sens inverse de ses intérêts, la complication toujours croissante des affaires de l'Europe.

Tout semble se disposer pour de grands événemens : l'état précaire du Portugal que l'Angleterre a choisi pour sa place d'armes sur le continant ; l'anarchie et la misère de l'Espagne occupée par nos soldats présentent une perspective peu rassurante pour les amis de la paix. L'intention annoncée par le *Moniteur* de rappeler les troupes françaises de la Péninsule est la preuve la plus positive des craintes et des embarras du ministère. Retirer à Ferdinand l'appui de l'armée d'occupation , au moment où son royaume est en feu , où les places de Catalogne tombent l'une après l'autre au pouvoir des insurgés , c'est avouer que le but de la guerre de 1823 est totalement manqué et qu'on désespère de l'atteindre ; c'est faire la satyre la plus sanglante de la politique qui combina cette malheureuse expédition et qui en a fait sortir de telles conséquences. Comme la dignité de la France va être rehaussée par ce spectacle d'une armée de 20 mille hommes accompagnée dans son trajet pour regagner nos frontières, par le cri de *fuera los Franceses*, vociféré par les apostoliques triomphans !

La division anglaise évacuera simultanément le Portugal, nous dit-on : quand cela serait vrai, le but de l'occupation française, qui date de 1823, n'était certainement pas d'amener l'évacuation du Portugal ; tandis que le principal objet de l'Angleterre, en envoyant des troupes sur le Tage, a été de tirer de nos mains Cadix et Barcelone et de détruire notre influence dans la Péninsule. Elle seule sait donc ce qu'elle fait dans tout cela : si les circonstances l'exigent, elle trouvera dans les événemens qui se préparent, elle fera naître au besoin des prétextes suffisans pour ressaisir la position offensive qu'elle aura momentanément abandonnée : mais nous, rentrerons-nous jamais dans les places de l'Espagne après les avoir quittées ?

La France et l'Angleterre remplissent l'Archipel de leurs vaisseaux. La Russie domine la mer Noire par une escadre, tandis que l'amiral russe Siniarin, le même qui en 1807 menaça Constantinople, arrive dans la Méditerranée à la tête de forces imposantes. La Russie et l'Autriche font des armemens considérables : leurs armées forment un cordon formidable autour de la Turquie, des emprunts se négocient pour suppléer à l'insuffisance de leurs ressources financières. La Prusse pour rendre son armée disponible, organise des gardes nationales dont notre censure ne veut pas laisser prononcer le nom. Dieu fasse paix au *Moniteur* qui ne voit dans tout ce qui se passe que des gages de concorde de félicité !

Mais qu'importe à nos ministres que les événemens du dehors

se hâtent vers un dénouement auquel ils ne sont nullement préparés ? Qu'importe que l'Europe civilisée nous demande compte de l'Espagne dont les destinées sont si étrangement liées à celles de la France, pour son malheur et pour le nôtre ? Qu'importe que la Russie et l'Angleterre soient en mesure de recueillir tous les avantages que leur promet le démembrement de la Turquie, tandis que la France ne peut en retirer que sa part de l'anathême dont l'histoire doit flétrir un traité basé sur des principes destructifs de l'indépendance des nations? Ce qui importe c'est que la voix du peuple soit étouffée ; c'est que les petites vanités ministérielles soient à l'abri des piqûres de la publicité ; c'est que la France se détache peu à peu des institutions et des garanties constitutionnelles, qui ne peuvent la protéger ni se défendre elles-mêmes contre l'infamie de la censure et le scandale des tourniquets.

L'aspect que présentent jusqu'à présent les listes électorales semble, en effet, réaliser jusqu'à un certain point les espérances du ministère. Tout annonce que les citoyens, bien avertis par l'expérience qu'il veut aller à son but, *per fas et nefas,* n'ont plus, dans les résistances légales, si souvent convaincues d'impuissance, la même foi que par le passé. On entend dire de tous côtés : à quoi bon affronter les dégoûts, les piéges et les embarras de tout genre suscités aux électeurs qui poursuivent leur inscription sur les listes ? Quand les colléges seraient portés au grand complet de 1824, qui nous garantira des élections plus libres et plus vraies qu'à cette époque? Voilà les sentimens dont les listes électorales sont l'expression la plus authentique : la tombe de Manuel peut dire le reste. L'hommage rendu malgré tous les obstacles par la douleur et la reconnaissance publique aux mânes du grand citoyen, de l'éloquent orateur, du patriote courageux, sur le corps duquel les ennemis de la constitution furent obligés de passer pour arriver jusqu'à elle, est bien propre à dissiper les illusions auxquelles se livrent peut-être, sur la foi d'apparences trompeuses, ceux qui l'expulsèrent, ne pouvant lui répondre. Les citoyens dont il défendait les droits se laissèrent alors persuader qu'*il allait trop loin* : les événemens leur ont appris que l'énergie de son opposition n'était que de la prévoyance. Abandonné en holocauste, comme Gracchus, à la haîne d'une faction puissante, il aurait pu, à son exemple, prier les dieux de ne jamais tirer de servitude un peuple qui, par son ingratitude et sa faiblesse, se mont.ait si peu digne de la liberté! Nos regrets tardifs ont expié nos torts st consolé son embre.

Irritation générale, mécontentement du présent, défiance de l'avenir, voilà les fruits que le système ministériel a faits naître et qui mûrissent à l'ombre de la censure. Chacun sent que tout cela ne peut durer et qu'il faut que l'administration succombe ou achève la démolition de la charte. Demandera-t-elle aux chambres un bill d'indemnité pour l'usage qu'elle a fait de la censure ? Il faudra représenter ces innombrables découpures qui dévoilent tant de honteux secrets : on aura beau les tordre pour en exprimer de la licence : il n'en sortira que sottise, violence, iniquité. Renouvellera-t-on les calomnies accumulées dans la dernière session contre la presse en général, pour obte- une nouvelle loi d'amour et de justice ? Les faits parleront plus haut encore.

Pendant que les journaux sont asservis, la presse non périodique fait chaque jour ses preuves ; et si elle n'abuse pas de l'immense pouvoir qu'on lui a donné, ce n'est pas la faute du ministère. Certes, jamais la licence n'eut plus beau jeu que sous la censure destinée à la réprimer. La nécesssté où s'est mis le pouvoir d'imposer à ses écrivains le silence le plus absolu sur les publications libres où son système est attaqué, laisse aux brochures la carriére la plus illimitée : les nouvelles alarmantes. les mensonges de tout genre peuvent circuler sans craindre aucune réfutation. Si les écrivains politiques, armés d'une si étrange faculté, se renferment spontanément dans les bormes d'une opposition légale et loyale ; qui pourrait nier qu le bon sens et la maturité de la génération actuelle ne soient pour pour l'ordre public des garanties plus sûres que toutes les lois possibles ?

Par tous ces motifs,

Et attendu que le bureau de censure persiste dans le système violent, capricieux et oppressif, exposé dans le Mémoire présenté au Conseil de surveillance par M. Bert, et dont celui-ci contient de nouvelles preuves ; attendu que ledit Conseil de surveillance ne remplit nullement ses fonctions, tolérant par son approbation ou par sa négligence, les iniquités du bureau de censure, refusant de faire droit aux mémoires qui lui sont adressés sur sa propre invitation par les parties intéressées, et ne daignant pas même y répondre ;

Les propriétaires et rédacteurs du *Journal du Commerce* persistent dans les conclusions du premier Mémoire présenté en leur nom au Conseil de surveillance.

Paris, le 21 septembre 1827.

H. GUILLEMOT.

APPENDICE.

. La censure s'est créé une roule de preoccupations qui doivent rendre ses travaux pénibles Un jour elle ne permet pas qu'on annonce que les Osages se fout voir pour de l'argent ; un autre jour, le bruit court que Vidrc a été pendu ; un journal de departement publié des faits qui prouvent le contraire ; on presente l'article a la censure, qui le raie, car il ne faut dire ni bien ni mal de tout ce qui touche de près ou de loin a la police ou à la censure. C'est a cause de cette double affinite, sans doute, qu'il a été défendu d'annoncer que M. Éloin, ci devant censeur a Clermont, avait été nommé commissaire central de police a Lille.

Par d'autres motifs, on ne parlera pas non plus des honneurs rendus aux pairs de France et aux deputes. On ne pourra dire que M. Benjamin Constant a été fête a Strasbourg ; les ciseaux s'appesantiront de nouveau sur un hommage à M. le duc de Choiseul ; on ne pourra répéter l'article suivant que la censure de Lyon avait jugé inoffensif :

» M. le duc de Choiseul a reçu la visite d'un grand nombre de citoyens les plus notables de notre ville, qui se sont empressés de porter au noble pair l'hommage de la reconnaissance vouee par toute la nation an corps illustre que ses glorieux travaux ont elevé dans l'opinion publique aussi haut que nos institutions l'ont place dans la hiérarchie sociale. »

Les volontaires royalistes et les revoltes de Catalogne, que la censure semble abandonner aujourd'hui, ont ete long-temps l'objet de ses attentions delicates. Les volontaires étaient de petits saints incapables du moindre exces, et l'on ne pouvait annoncer que le cri des rebelles était *Mort aux mauvais gouvernemens* Cette tendresse pour les mauvais gouvernemens est une galenterie de la censure que nous recommandons a l'attention de nos excellences.

Pendant long-temps aussi on n'a pu annoncer que des moines, voire même un evêque, siegeaient dans les juntes des révoltés. La sollicitude des censeurs pour les ecclesiastiques s'etend presque jusqu'aux sonneurs de cloche. On n'a pu imprimer que parmi les economies du ministère de la marine espagnole se trouvait la suppression de la place d'organiste de l'église de l'arsenal de Caraque. Peut-être est-ce autant la haine des économies que le soin des choses saintes qui a motivé ce coup de ciseaux. Mais a quel motif attribuer la suppression suivante.

» On lit dans la feuille officielle de régence royale d'Aix-la-Chapelle, l'annonce suivante :

« Il a été rendue compte à S. M. notre souverain que plusieurs jeunes
» gens des provinces rhénanes westphaliennes ont été envoyes par leurs pa-
» rens dans des colleges en pays étranger tenus par des jesuites pour y con-
» tinuer leurs études.

» S. M. a fait connaître, dans un ordre du cabinet du 13 juillet dernier,
» le mécontentement qu'une pareille conduite lui a cause, parce que la
» préference donnee à ces etablissemens étrangers doit d'autant plus sur-
» prendre que, par les soins donnes par S. M. à toutes les branches de l'ins-
» truction publique, les établissemens publics natipnaux pour l'éducation
» et l'instruction de la jeunesse en général, et par conséquent pour la jeu-
» nesse catholique, ne laissent rien à desirer sous le rapport scientifique et
» et religieux.

» L'intention formelle de S. M. est que les jeunes gens des provinces
» prussiennes cessent de fréquenter les colleges tenus par les jesuites.

» En donnant avis au public de cette décision royale, nous ordonnons
» aux autorités que cela concerne de nous informer sur le champ si, contre
» notre attente, des jeunes gens se rendaient dans les colleges des jésuites,
» en pays étrangers.

» A aix-la-Chapelle, le 11 septembre 1827. »

—Le camp de Saint-Omer, où l'on a tire force coups de canon à poudre
n'a pas répondu a l'attente des oisifs, qui se flattaient d'en voir sortir
quelque chose de nouveau. Des discours d'apparat et des évolutions militaires n'avaient rien de bien curieux en eux-mêmes. Le seul parti que dans l'interêt du public, un journal pût tirer des details du voyage de S. M., etait de rechercher dans les journaux de départemens, écrits sous l'influence des prefets, quelle impulsion l'autorité voulait donner à l'opinion, à la faveur de cet evenement. Mais ce qui pouvait produire un effet favorable dans certaines localités, n'etait pas apparamment convenable à l'esprit public dans toutes les parties de la France. Les Parisiens n'ont pas toujours été admis à prendre leur part de l'enthousiasme departemental.

Les autorités de Laon avaient voulu faire concourir toutes les classes de la société, tous les sexes, tous les âges aux joies du voyage du souverain. Elles avaient fait imprimer dans le programme des rejouissances qui devaient marquer l'arrivée et le sejour de S. M. Charles X, le paragraphe suivant : « Les enfans dont l'âge heureux est si propre à conserver avec » vivacité les souvenirs, auront part aux plaisirs du 3 septembre; plu- » sieurs corbeilles de gâteaux leur seront préparees. »

Cette annonce officielle n'a pas été jugee de nature à supporter le grand jour de la capitale. A-t-on craint d'exciter la jalousie des petits garçons de Paris ?

Les paroles du roi lui-même ont subi les rigueurs de la censure. Elle a supprimé le passage suivant extrait du journal de la préfecture du Nord, qui rendait compte de la pose de la premiere pierre du canal de Roubaix.

« M. Becquey, directeur-general des ponts et chaussées, ayant exposé dans son discours au roi l'utilite du nouveau canal qui fera partie du grand ensemble proposé par cet administrateur, S. M. a répondu :

» Je sais avec quel zèle vous, les administrateurs et les ingénieurs sous » vous, vous vous occupez de travaux utiles à l'agriculture et au commerce: » vous ne pouvez me temoigner mieux votre affection qu'en continuant de » donner les mêmes soins à des entreprises qui ont une si grande influence » sur la prospérité de mon royaume. »

» Cette touchante sollicitude, cette confiance sans bornes, une improvisation facile, une voix assurée, une pose ferme, tout annonce que Charles X complètera l'œuvre de la restauration en portant au plus haut degré de splendeur l'agriculture, le commerce et les arts, pendant le long règne qu'on a le droit d'esperer. »

Annonces de livres supprimees.

Parmi les plus récentes productions de la littérature, nous ne connaissons rien de plus agréable qu'une piece de vers qui a pour titre : *Bouquet au roi, ou réconciliation générale, réplique aux auteurs de la Villéliade,* par M. Blandeau. Le poeme est précédé d'un projet de dédicace au roi, morceau de prose remarquable par une exquise delicatesse. « Vous présentant ce bouquet de roses, dit l'auteur, mon esprit a fait tous ses efforts pour en arracher les épines ; mais il est possible que vous en trouviez encore quelques unes parmi les fleurs. »

Nous avouons que nous n'avons pas trouvé une seule épine parmi les fleurs poétiques de M. Blandeau. Détachons-en quelques-unes de son bouquet pour les faire respirer à nos lecteurs :

Une prairie de fleurs, le lis et l'immortelle,
Le lilas, le jasmin et la rose nouvelle,
Dressées avec art sur des biscuits très fins,
Furent pour les oiseaux meilleurs que ceux de Reims.

Nous regrettons de ne pouvoir citer beaucoup de vers, à cause de l'esprit tout prosaïque de notre feuille. Mais nous citerons une des notes dont M. Blandeau a enrichi son poème ; cette note, qui semble avoir été écrite exprès pour nos lecteurs, renferme l'énonciation d'une observation féconde en résultats économiques ; la voici . « Nous devons beaucoup approuver M. le comte de Villèle de représenter comme premier ministre du roi, en réunissant chez lui ce qu'il y a d'hommes jouissant de la plus grande considération. L'argent que peuvent coûter ces repas se répand dans les marchés publics, et soutient les pauvres cultivateurs qui apportent à Paris leurs denrées à grands frais. »

Nous aimons à trouver réunies en M. Blandeau deux qualités qui vont rarement ensemble, l'imagination d'un poète et l'esprit exact d'un économiste.

— Il avait paru, il y a quelque tems, une première partie de la réfutation de la Vie de Napoléon par sir Walter-Scott, par le général G*** ; la seconde partie vient de paraître chez Locard et Davi, quai des Augustins, n. 3, et à la Librairie de l'Industrie, rue St-Marc, n. 10 ; elle est terminée par une réponse du général Gourgaud aux imputations odieuses dirigées contre lui par Walter-Scott. Prix de chaque partie : 2 fr. 50 c., et franc de port 3 fr.

— Ce n'était pas à sir Walter-Scott qu'il était réservé de donner une histoire fidèle de Napoléon. Un écrivain français se présente pour remplir cette tâche immense. La première livraison de l'*Histoire de Napoléon*, par M. Norvins, fait espérer un bon ouvrage. L'auteur paraît avoir fait une étude approfondie, spéciale du sujet qu'il traite ; il s'y élève a toute la dignité de l'histoire, soit qu'il retrace les premières années, les jeux et les études de Napoléon, soit qu'il le conduise sur la scène militaire ou l'appelle sa destinée. Cette livraison contient le récit du siége de Toulon, de la journée du 13 vendémiaire et de l'arrivée de Napoléon à l'armée d'Italie. Le style de M. de Norvins est brillant, original, semé de réflexions judicieuses. La première édition, sortie des belles presses de M. Pinard, est ornée d'un beau portrait de Napoléon, d'une gravure qui représente une scène de l'école de Brienne, et d'un plan du siége de Toulon. L'ouvrage est publié par livraisons toutes toutes ornées de gravures et de plans, qui paraissent régulièrement tous les dix jours, et qui formeront 4 volumes in-8°. Quatre livraisons font un volume ; le prix de chacune d'elles est de 2 fr. 50 c.

On souscrit chez A. Dupont et comp., libraires-éditeurs, rue Vivienne, n° 16.

— On trouve chez Anselin et Pochard, libraires, rue Dauphine, n° 9, les *Maximes de guerre de Napoléon*, un volume in-32. Prix, 1 fr. 25 c.

— *Précis de l'Histoire générale des Jésuites*, depuis la fondation de leur ordre, le 7 septembre 1544 jusqu'à ce jour, deuxième édition ; par A. J. B., membre des ancienne et nouvelle universités de France. Deux gros volumes in-18 : prix, pour Paris, 8 fr., et 9 fr. 50 c. par la poste. A Paris, chez Aimé Payen, libraire, rue Serpente, n° 13 ; et à la librairie de l'Industrie, rue Saint-Marc, n° 10.

www.ingramcontent.com/pod-product-compliance
Lightning Source LLC
LaVergne TN
LVHW050326030726
842520LV00005B/1797